Sr. M. Eresta Mayr

Mein Birkenstein

Fotografien: Gregor Peda

Kunstverlag Peda – Passau

VORWORT

Das Bild vom „Leben als Pilgerfahrt" ist zu allen Zeiten Ausdruck für die Sehnsucht des Menschen nach Heil und Gottes Nähe. Als Wallfahrer ist er unterwegs zu seinem eigentlichen Ziel, um Hilfe zu erflehen in seinen Nöten und Sorgen, um Heilung von Krankheit und Abwendung von Unglück zu erbitten, um Buße zu tun und von der Sünde befreit zu werden, um nach erlangter Hilfe schließlich dem Geber alles Guten, der Gottesmutter und den Heiligen für die mächtige Fürsprache zu danken. In Bayern, wo sich die Marienwallfahrtsorte schon früh zu den beliebtesten Stätten entwickelten, wollten auch die Herrscher aus dem Hause Wittelsbach ihrer persönlichen Marienverehrung und der Marienfrömmigkeit ihres Landes ganz deutlich Ausdruck verleihen. Diese kam beim letzten Herzog und seit 1623 ersten Kurfürsten Bayerns, Maximilian, – er regierte die ganze erste Hälfte des 17. Jahrhunderts – zur schönsten Entfaltung. Er folgte einer Gewohnheit seiner Vorfahren, wenn er als regierender Fürst zu Fuß und bei jedem Wetter auf Wallfahrt ging. Die Ausrichtung seiner Herrschaft auf Maria hin gewann den Charakter eines öffentlichen Bekenntnisses als er an der Außenfassade seiner neuen Residenz in München die Marienstatue mit der Inschrift im Sockel anbringen ließ: „Patrona Bojariae" – Maria ist die Schutzherrin Bayerns, die himmlische Herrin über bayerisch Land und Volk, das ganze Herzogtum, das sich in dieser Zeit von den Voralpen bis über die Donau und zur böhmischen

Grenze hin, vom Lech bis über den unteren Inn hinaus erstreckte. Zu diesem breiten Strom tiefer Marienverehrung gehört auch das beliebte Wallfahrtskirchlein *Zu Unserer Lieben Frau in Birkenstein* mit seinem berühmten Gnadenbild. An diesem wundersamen Gnadenort im bayerischen Oberland haben seit der Barockzeit unzählige Menschen Hilfe und Zuversicht, Trost und Geborgenheit gefunden. Nur wer selbst das gütige Lächeln der Gottesmutter mit dem Jesuskind im Rokokohimmel der Birkensteiner Loretokapelle gesehen und im Gebet erfahren hat, weiß um das Geheimnis dieses Heiligtums. Wie alle Kirchen unseres Landes ist auch dieser Ort erbaut zur Verherrlichung Gottes und zur seligen Freude der Menschen, die hier beten. Er ist ein Abbild der himmlischen Herrlichkeit, Haus Gottes und Pforte zum Himmel (Gen 28,17), ein Spiegel der endzeitlichen Verklärung schon in der Gegenwart mit allen ihren Bedrängnissen. Er kündet nicht nur vom Leid, von Schuld und Tragik, von der Existenzangst der Menschen, sondern von der schon hereinleuchtenden Herrlichkeit der Erlösung im Kreuz Christi, von der tröstlichen Gemeinschaft der Heiligen und der Gottesmutter, die alle durch Christi Blut Geretteten umschließt.
Das Marienheiligtum in Birkenstein wird seit langem von Armen Schulschwestern Unserer Lieben Frau gepflegt und betreut. Besonders ist hier Schwester M. Eresta Mayr zu danken, die seit vielen Jahren den zahlreichen Besuchern die Birkensteiner Wallfahrt erschlossen und auch vorliegenden Kapellenführer verfasst hat. Möge dieses mit aller Sorgfalt und Liebe verfasste Büchlein – ein neues Zeugnis marianischer Frömmigkeit in unserm Bayernland – vielen Menschen, die voll Vertrauen nach Birkenstein kommen, seelische Erbauung, Trost und Freude schenken!
München, am 1. Mai, am Fest der Patrona Bavariae, 2004

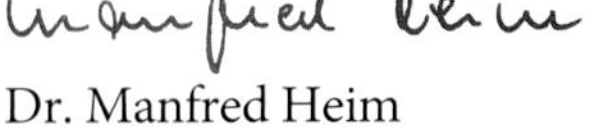

Dr. Manfred Heim
Professor für Bayerische Kirchengeschichte
an der Ludwig-Maximilian-Universität München

Zu Beginn

„Wann gehen wir nach Birkenstein?“ Immer wenn sich die Sommerferien gen Ende neigten, kam bei uns dieses Thema zur Sprache. Eine Wallfahrt nach Birkenstein gehörte einfach dazu. Wie viele schöne Erinnerungen habe ich an diese Wallfahrten! Warum meine Mutter so treu an ihnen festhielt, erfuhr ich erst später:

Joachim, der Vater Mariens

Anna, die Mutter Mariens

1936 war es. Am Auerberg erkrankten drei Männer an Lungenentzündung, mein Vater war einer von diesen Dreien. Lungenentzündung war damals noch tödlich. Die anderen beiden Männer starben, auch mein Vater lag im Sterben. Seit 1932 war er mit meiner Mutter verheiratet, drei Kinder waren da, und mich trug die Mutter unterm Herzen. Meine Eltern hatten ein Haus gebaut, und es war noch lange nicht abbezahlt. Die Tilgung des Darlehens dauerte noch zehn Jahre. – Drei kleine Kinder, eine schwangere Frau, Schulden und ein sterbender Mann! Versicherungen und soziale Leistungen gab es damals noch nicht. – Da machte meine Mutter sich auf den Weg und ging „mit mir" nach Birkenstein zur Gottesmutter. So oft hat sie schon geholfen, warum nicht auch jetzt! Was meine Mutter damals mit der Gottesmutter ausgehandelt hat, das erfuhr ich erst viel später. Mein Vater wurde gesund – 90-jährig starb er vor einigen Jahren.

Als ich schon im Kloster war – 1953 trat ich bei den Armen Schulschwestern ein – wurde mir diese Situation noch einmal ganz bewusst, und ich fragte meine Mutter: „Was hast du denn damals der Gottesmutter versprochen?" Da lächelte sie und sagte: „Schau dich an, dann weißt du es!" Sie hatte also das Kostbarste, das sie besaß – das Kind unter ihrem Herzen –, der Gottesmutter geschenkt!

Die Gottesmutter wird sich diesen Winzling angeschaut haben: sie ist nichts, hat nichts, kann nichts! Nachdem ich aber nun ihr Eigentum war, und sie ja wusste, dass ich einmal ihre Mesnerin sein werde, hat sie alles in dieses kleine Nichts hineingelegt, was es einmal braucht. Und so hat sie mich reich mit Gaben beschenkt; alles fällt mir leicht, meine Arbeit verrichte ich gerne, alles macht mir Freude. So darf ich hier als „lebendige Votivgabe" der Gottesmutter dienen. Manchmal schaue ich die Tafeln, die da an den Wänden hängen, an, und mein Herz beginnt zu jubeln. Und wenn es der Gottesmutter recht ist, dann möchte ich ihr noch lange dienen.

Und nun, lieber Wallfahrer, wenn du gerne wissen möchtest, wohin mich meine Mutter getragen hat, dann komm, ich zeige dir „mein" Birkenstein.

Wallfahrten nach Birkenstein

Viele Möglichkeiten gibt es, nach Birkenstein zu kommen. Der bequemste Weg ist eine Fahrt mit dem Auto. Autobahn München-Salzburg, Ausfahrt Weyarn oder Irschenberg, über Miesbach, dann durch das schöne Leitzachtal bis Fischbachau, oder über Schliersee

••• Große Lichterprozession am Vorabend von Maria Himmelfahrt, 14. August

nach Fischbachau. Von hier ist es dann nur noch ein Kilometer herauf zur Kapelle.
Du kannst auch mit dem Zug fahren: Bahnstrecke München-Bayrischzell, Aussteigebahnhof ist Fischbachau. Der Bahnhof Fischbachau liegt eine Stunde Fußmarsch von Birkenstein entfernt.
Am schönsten ist es natürlich, wenn du ganz zu Fuß nach Birkenstein kommst, als echter Wallfahrer. Tausende beten jährlich hierher. Die meisten wählen den Weg über die Schweigeralm. So kommen sie, rosenkranzbetend, bei Wind und Wetter, bei Sonne und Regen, in kleinen Gruppen, manchmal sind es auch einige Hundert. Es ergreift mich immer wieder aufs Neue, wenn sie schweren Schrittes, müde, aber mit einem dankbaren Gesicht, mit einem „Gegrüßt seist du, Maria“ in die Kapelle kommen.
43 Fußwallfahrten sind es jährlich. Eine genaue Auflistung findest du hinten in diesem Büchlein. Einen Höhepunkt bildet die „Trachtenwallfahrt“ am Christi Himmelfahrtstag. Seit 1923 betet der Gauverband „Oberland“ an diesem Tag hierher. Trotz kurzer Unterbrechung während der Kriegszeit halten die Trachtler treu an dieser Tradition fest. Bis zu 50 Vereine mit ihren Fahnen versammeln sich im Festtagsgewand um den Freialtar.
Gelöbnisse, Versprechen über Generationen zurück, stehen oft am Anfang einer langen, traditionsreichen Wallfahrt. Und wer einmal dabei war, geht immer wieder mit. So kommen sie aus der näheren und ferneren Umgebung, vom Landkreis Miesbach und weit darüber hinaus. Die Fischbachauer schaffen es mit einem Rosenkranz, andere brauchen schon länger. Ein Psalter ist bald gebetet und das Türmchen der Wallfahrtskapelle ist immer noch nicht in Sicht. Es kommen auch Wallfahrten, die zwei Tage unterwegs sind. Die möchte ich hier eigens erwähnen:
Seit 1835 kommt die Wallfahrt Obertaufkirchen bei Erding jedes Jahr. Sie beten am ersten Tag bis Tuntenhausen, und am zweiten Tag kommen sie am späten Nachmittag hier an. Ebenso die Wallfahrt St. Wolfgang bei Erding. Die Wallfahrer aus Ebersberg gehen am ersten Tag bis Irschenberg und kommen am zweiten Tag dann in Birken-

stein an. Aus Tirol gehen zu Fuß hierher: die Wallfahrer aus Bruckhäusl bei Wörgl und Maria Stein. Die Wallfahrer aus Brandenberg gehen über die Berge zum Spitzingsee nach Birkenstein. Nicht vergessen darf ich die Nachtwallfahrer aus Gaißach, Lenggries und Bad Tölz. Die beginnen ihre Wallfahrt abends um neun oder zehn Uhr und kommen dann am nächsten Morgen um sieben Uhr pünktlich zur hl. Messe hier an. Seit ca. zehn Jahren kommt regelmäßig die „Monatswallfahrt" zu uns. Es sind dies Gebetsgruppen aus Feldkirchen-Westerham und Umgebung, die hierher beten und die hl. Messe feiern.

Was bewegt die Menschen, all diese Strapazen auf sich zu nehmen? Die Votivbilder an den Wänden erzählen es uns. Es sind Zeugen aus früherer Zeit. Die Gottesmutter hat es ja versprochen, all denen zu helfen, die sie hier darum bitten. Altes und Neues Testament berichten uns immer wieder von Begegnungen, wo der Mensch die ganze Nähe Gottes spüren darf. Erfüllt von solchem Erleben geben sie den Auftrag Gottes, die Gottesbegegnung weiter: „Hier ist heiliger Boden!" (Ex 3, 4-6). Und so kommen die Wallfahrer von nah und fern zur „Guten Stube" der Gottesmutter. Und keiner geht weg, ohne ihren Trost erfahren zu dürfen.

„Und drückt dei Herz a Sorg, a Last, in Birkastoa, bei unserer Liabn Frau, do findst a Muatterl wiast koans host!"

Die Anliegen, Sorgen und Nöte, die zur Gnadenmutter gebracht werden, sind vielfältig. An erster Stelle steht die Sorge um die Gesundheit. Das war früher so, das ist auch heute noch die häufigste Bitte im Fürbittenbuch der Kapelle. Hier spürt der Mensch hautnah, wie sehr er auf Gott angewiesen ist, wie notwendig er die Fürsprache der Gottesmutter braucht.

Der Name Birkenstein ist weithin bekannt. In vielen Sprachen hört die Gottesmutter das Ave Maria beten. Eine Frau aus Guam betete das Ave Maria laut in der Kapelle in ihrer Muttersprache und sagte dann:

„Die Muttergottes von Birkenstein hat die Sprache meines Volkes gehört, sie kann uns nie mehr vergessen!"

DARF ICH DICH JETZT IN DIE KAPELLE

••• Blick auf die Birkensteiner Kapelle von Südwesten

••• Eine steile Treppe führt hinauf zur Loretokapelle

Über die Treppe musst du noch hinaufsteigen, dann darfst du sie betreten, die „gute Stube“ der Gottesmutter.

Nimm dir Zeit, verweile darin und lasse einfach alles auf dich wirken. Nach einer kurzen Zwiesprache mit der Gottesmutter erzähle ich dir nun einiges über die Kapelle.

••• Der Innenraum

Momentan wird dich die Fülle, die glänzende Ausstattung, die da auf dich einwirkt, überraschen; ein überschwänglicher Reigen von 92 Engeln, ein himmlisches Gloria.

Für die Kapelle brauchen wir Zeit, und bald wirst du die Geborgenheit spüren, die dieser Raum ausstrahlt. Wir spüren das Gebet der Jahrhunderte, diesen so ganz durchgebeteten Raum.

Eingeteilt ist die Kapelle in drei Räume: den Raum des Glaubens, den Raum der Erlösung und den Raum der Verherrlichung.

●●● Raum des Glaubens

Er reicht vor bis zur Kommunionbank. Kniebänke füllen diesen Raum. Das Hinknien vor Gott ist eine Urgebärde des Menschen. Dass dieses bittende Hinknien vor Gott eine Sinn hat, sagt uns jede einzelne Votivtafel an der Wand: „Maria hat geholfen!“ Die Votivtafeln in der Kapelle sind alt und ehrwürdig. Gebetserhörungen sind bei uns in Birkenstein aber nicht nur Vergangenheit, Gebetserhörungen sind hier Gegenwart.

Wenn du nach oben schaust, siehst du das Gesims verziert mit Waffenstücken und geschnitzten weiß-blauen und rot-weißen Fahnen. Solche Trophäen hatten schon immer eine besondere Bedeutung. Sie zierten weltliche Prunkräume, es waren Kampf- und Siegeszeichen,

●●● **„Du bist der Ruhm Jerusalems....“ – Reich verzierte Kartusche am Gesims der Kapelle**

auch Herrschaftszeichen. Die weiß-blauen Fahnen schmücken das Bild der Gottesmutter, der Schutzpatronin unseres Landes, auf den rot-weißen Fahnen finden wir das Auge Gottes. Damit sind die weltlichen Fahnen zu einem Instrument des Glaubens gemacht – Zeichen der Kirche, der „ecclesia triumphans“, denen wir folgen sollen.
Nur im Raum des Glaubens finden wir Krücken, Votivbilder und Siegeszeichen. Hierher bringt der Beter seine Ängste, seine Not, seine Sorgen, seine Anliegen. Hier erfährt er auch, wie vielen schon geholfen wurde.

●●● Raum der Erlösung

Er ist der aussagekräftigste Raum. Er reicht von der Kommunionbank bis zum Tabernakel. Am Übergang zum Chorraum ist die Erlösung dargestellt. Ganz oben in der Altarkrone thront Gott Vater. In der rechten Hand trägt er das Szepter, mit dem zeigt er hin zum Thron und zur Krone. Mit der linken, leeren Hand weist er hin zum Kreuz und zur Dornenkrone. Beides bietet er seinem Sohn an: den Thron mit der Papstkrone – und das Kreuz mit der Dornenkrone. Damit aber Gottes Sohn Mensch werden kann, braucht Gott Vater das Ja eines Menschen. Er steigt ganz weit herunter. Im Antependium (Altarvorderwand) liegt Maria, das Gnadenkind, in der Wiege (s. S. 69).
Schauen wir nun zur linken Seite des Übergangs zum Chor. Hier kniet Maria, die Hände gefaltet, den Kopf geneigt, ganz Sammlung, ganz Ohr für das, was der Erzengel Gabriel ihr zu sagen hat. Er bringt ihr die Botschaft, dass sie die Mutter Gottes werden soll. Immer tiefer neigt sich die Gottheit herab zu den Menschen. Der Erzengel Gabriel – rechts am Übergang zum Chor – bringt die Botschaft der Erlösung. Und das, was hier dargestellt ist, hat sich im Haus von Nazareth wirklich zugetragen.
Der Erzengel Gabriel verneigt sich vor dem Auftrag Gottes. Mit geneigtem Haupt redet er, die Lilie der Reinheit in der linken Hand. Er kniet auf einer Wolke, ein Kranz von Rosen schmückt sein Haupt. Wolken, Putten, ein leichter, duftiger Barock umgibt ihn. Ihm

gegenüber kniet die Verkündigungsmadonna in gleicher Haltung wie der Engel, mit geneigtem Haupt, ebenfalls mit einem Kranz aus Rosen geschmückt. Dies ist ein Symbol der Reinheit und Vollkommenheit. Ein grüner Baldachin schirmt die Jungfrau Maria ab. Grün ist die Symbolfarbe der Hoffnung und der Erde, nirgends sonst ist diese Farbe in der Kapelle zu finden. Das Baldachintuch hängt tief herunter, weit über das Gesims.

Im Vergleich zum leichten Barock der Kapelle wirkt der Baldachin schwer, irdisch. Nur nach oben tut er sich etwas auf und da sitzt auch schon eine Putte drauf.

••• Gottvater thront im Altarauszug und verweist ...

... auf den Thron zu seiner Rechten ...

Sag Ja, Maria! –

Maria, Du bist ganz Ohr, ganz Bereitschaft, ganz Hingabe. Du vernimmst den Auftrag Gottes, Du hast Bedenken, weil Du „keinen Mann erkennst", und Du fragst zurück: „Wie soll das geschehen?" Die Antwort des Engels ist: „Der Heilige Geist wird über Dich kommen, die Kraft des Allerhöchsten wird Dich überschatten, es wird ein heiliges Kind aus Dir geboren." – Auch Du hast in diesem Moment zu entscheiden zwischen Thron und Kreuz, zwischen eigenem Willen und Gottes Willen, zwischen der Rettung des eigenen Lebens, und der Rettung der Menschheit. – Ganz allein stehst Du da. Ganz allein musst Du die Entscheidung treffen. Niemand steht Dir zur Seite, niemand kann Dich beraten. Dass über Dir bereits der Himmel zu singen beginnt, dass der Orgelengel schon in die Tasten greift, das siehst Du nicht.

... sowie auf Kreuz und Dornenkrone

Sag Ja!

Altes und Neues Testament – der Harfenengel und der Orgelengel – spielen schon zusammen. Mit dem Ja der Gottesmutter beginnt das Neue Testament. Die linke Seite des Übergangs zum Chor stellt das Neue Testament dar. Unten im Bild der hl. Josef, über der Verkündigungsmuttergottes der Orgelengel, dann Jesus im Strahlenkranz, der auf das Ja der Jungfrau Maria wartet, und oberhalb der Papstthron mit der Tiara. Die ganze Kirche ruht auf dem Ja der Gottesmutter. Die rechte Seite des Übergangs zum Chor versinnbildlicht das Alte Testament. Unten der hl. Johannes der Täufer, darüber der Erzengel Gabriel, und dann der Harfenengel, die Harfe – das Instrument der Synagoge. Das Alte Testament versinnbildlicht die Hl. Sippe, die Verwandten der Gottesmutter. Elisabeth und Zacharias, die Eltern des Johannes; Joachim und Anna, die Eltern der Gottesmutter, Maria Salome und Maria Kleopha, die beiden Frauen, die unter dem Kreuze standen. Das Neue Testament wird vertreten durch die zwölf Apostel in den Gemälden auf beiden Seiten (s. S. 38/39). Altes und Neues Testament befinden sich im Raum der Erlösung, Menschen und der Dreifaltige Gott.

Orgelengel

●●● Raum der Verherrlichung

Hier öffnet sich der Himmel vor uns. Nur Göttliches ist in ihm. Die neun Chöre der Engel sind dargestellt und Maria, der Mensch, der ganz bereit war für den Willen Gottes, bereit bis unters Kreuz, und Jesus, der auch nichts anderes wollte auf Erden, als den Willen des Vaters zu erfüllen. Paarweise knien die Engel vor Maria, der Königin des Himmels und der Erde, der Königin der Engel und der Menschen.

Über dem Haupt der Gottesmutter stemmt der Engel aus dem Chor der Kräfte den Baldachin nach oben. Seine Brust ziert ein geflügeltes Herz. Rechts im Strahlenkranz der Gottesmutter schwebt der Engel aus dem Chor der Cherubim, dargestellt als Putte mit sechs Flügeln. Das Dreieck auf seiner Brust ist ein Symbol für den Dreifaltigen Gott. Ihm gegenüber der Seraph, ebenfalls mit sechs Flügeln. Eine Flamme kommt aus seinem Herzen und zu seinen Füßen liegt eine Zange mit Glut (Jes 6, 5-8). Vor der Gnadenmutter knien rechts der Engel aus dem Chor der Throne mit einem Sternenszepter und links der Engel aus dem Chor der Herrschaften. In der Hand hält dieser ein Gefäß mit einer Rose.

●●● Harfenengel

Das nächste Engelpaar: rechts ein Engel aus dem Chor der Fürstentümer; er ist bekleidet mit einem pelzverbrämten Umhang und trägt mit beiden Händen eine Krone. Die Krone ist das Symbol für die Seele. Ihm gegenüber kniet der Engel aus dem Chor der Mächte. In der rechten Hand führt er das Schwert, mit der linken Hand hält er eine Flammenschale. Das dritte Engelpaar steht dem Beschauer am nächsten. Rechts der Schutzengel, als Ver-

••• **Der Erzengel bietet der Gottesmutter Krone und Samtkissen, Symbole für Seele und Materie, dar.**

treter des Chores der Engel, mit dem Kind und links ein Engel aus dem Chor der Erzengel. Er trägt mit beiden Händen eine Krone auf einem roten Samtkissen. Krone – Symbol für die Seele –, rotes Samtkissen – Symbol für die Materie. Wenn sich Seele und Materie vereinen, ergibt das den Menschen. Der Schutzengel beschützt diesen Menschen und weist ihm den Weg zu Gott, er zeigt hin auf Maria.

••• **Engel aus dem Chor der Fürstentümer und Schutzengel**

••• Der Altar

Uns ist in diesem „Raum der Verherrlichung“ ein Weg in den Himmel gegeben. Wenn wir den Altar anschauen, ist der Tabernakel wie ein Tor. Am Altar sind die sieben Gaben des Heiligen Geistes dargestellt durch die Karyatiden, den weiblichen Säulenhalbfiguren. Links beginnend mit der Gabe der Weisheit. Ihre Brust ziert die Sonne, in der Hand ein Szepter mit dem Auge Gottes, in der Konsole ein Kreuz und eine Schlange. Die nächste Gabe: der Verstand. Auch sie trägt das Auge Gottes auf der Brust, in der Hand einen Stab mit einer Flamme und in der Konsole einen Januskopf. Die Figur links vom Tabernakel stellt die Gabe der Wissenschaft dar. Auf ihrer Brust sehen wir ein Dreieck, in der Hand ein Szepter, das nach unten zeigt, und in der Konsole sitzt eine Nachteule auf einem Buch. Rechts vorm Tabernakel steht die Gabe des Rates. Sie hält in der rechten Hand einen Caducäus, einen Stab mit zwei Schlangen, ein Liktorenbündel lehnt an ihrem Körper und an der Konsole befindet sich die Waage.

Neben ihr steht die Gabe der Frömmigkeit. Sie ist bekleidet mit einem Levitengewand und trägt in der

••• Personifikationen des Verstandes (links) und des guten Rates am Altar

Hand ein Gebetbuch. Das Rauchfass in der Konsole weist hin auf den Psalm 141/1 *„Wie Weihrauch steige mein Gebet vor dir auf, o Herr.“* Ganz rechts am Altar steht die Gabe der Gottesfurcht. Sie trägt unterm Arm einen „furchtsamen Hasen“. Auf der Konsole ist eine Schlange dargestellt, die sich selber in den Schwanz beißt. Dies ist ein Symbol für die Ewigkeit. Im Tabernakel steht die Gabe der Stärke. Ihre Brust ziert ein Herz mit einem „Tau“, ein symbolträchtiges Zeichen. Zunächst war es Gerichtsmarke, dann Sigel, dann Eigentumszeichen. Es ist das Zeichen der Vollkommenheit, das Kreuzzeichen, Zeichen göttlicher Erwählung, Zeichen für Jesus Christus. Neben der Gabe der Stärke steht die Siegessäule, geschmückt mit einem Lorbeerkranz, einem Schwert und dem Kreuz. Die Gabe der Stärke steht mit beiden Füßen auf der Schlange. Unter der Schlange liegt ein Narr mit Narrenkappe, Halskrause und Fächer. Im Tabernakel, im „Tor zum Himmel“, steht das Kreuz. Jesus hat den Thron, den ihm der Vater angeboten hat – das Kreuz –, bestiegen und hat es umgewandelt in Gnade. Das Kreuz ist das Zeichen der Erlösung, der Schlüssel zum Tor des Himmels geworden.

Einmal wird sich dieses Tor auftun für jeden von uns. Glückselig, wenn Gott dann sagt: „Komm und empfange die Krone, die ich dir seit Ewigkeit bereitet habe.“ Maria ist gekrönt mit der Krone der Herrlichkeit. Sie ist auch bekleidet mit dem Gewand der Herrlichkeit. Die Farben des Gewandes sind Rot, Blau und Gold. Auch bei der Verkündigungsmuttergottes finden wir diese Farben. Die Gnadenmutter ist auch in ihrer Herrlichkeit bekleidet mit dem Gewand ihres Lebens, mit dem Gewand, mit dem sie ihr JA gesprochen hat.

Das Lauretanische Haus

Die Kapelle Birkenstein ist eine Loreto-Kapelle, 1710 nach einem vorhandenen Modell des Heiligen Hauses von Nazareth erbaut.

Nach der Legende trugen die Engel das Heilige Haus von Nazareth zuerst nach Recanati / Dalmatien und dann nach Loreto in Italien, um es vor der Zerstörung zu bewahren. Eine andere Darstellung ist, dass Kreuzfahrer das Heilige Haus nach Italien brachten, und wieder eine andere Auslegung besagt, dass die Templer dieses Heilige Haus mit dem Schiff nach Loreto brachten. Die Verehrung des Heiligen Hauses von Nazareth, das seit 1295 in Loreto steht, hält bis heute an. Hohe Ablässe waren diesem Wallfahrtsort Loreto gegeben. Dem gläubigen Volk hier war es aber nicht möglich, nach Loreto zu pilgern. Somit baute man im ganzen deutschsprachigen Raum und darüber hinaus Loreto-Kirchen nach. Einiges in Birkenstein erinnert an dieses Heilige Haus von Nazareth:

Der „Ofen" der Gottesmutter

Wir haben die gleichen Maße: Die Kapelle misst 3,50 m in der Breite und 9,50 m in der Länge; die Türen befinden sich seitlich; an der Ostwand stehen der „Ofen" der Gottesmutter und ihr „Küchenschrank". Bei uns ist

••• Exvoto: Seit Generationen gestiftet aus Dank für erlangte Hilfe

dieses Kästchen mit Votivgaben gefüllt, die vorwiegend aus schönen, alten Rosenkränzen und silbernen Gliedmaßen bestehen. Silberne Ohren, Augen, Herzen, Arme und Beine. Auch die silbernen Fatschenkindl fehlen nicht.

Das, was am meisten an Loreto erinnert, ist die Ziegelmauer. Momentan mag sie störend wirken. Diese einfache Mauer und die so wunderbare Barockausstattung – passt denn das zusammen?

Die Ziegel des Heiligen Hauses in Loreto weisen ein würdiges Alter von 2000 Jahren auf – die unseren zauberte ein Pinsel hin!

••• Der Birkensteiner Sternenhimmel

Zu einer echten Nachbildung des Heiligen Hauses gehört der Sternenhimmel. Warum haben sie Sterne an die Decke gemalt?

„Die Mitte der Nacht ist der Anfang des Tages" (*Jörg Zink*). Mit dem Ja der Jungfrau Maria im Haus von Nazareth begann die Erlösung. Die Sterne deuten darauf hin: obwohl es noch Nacht war, tagte es schon.

Was bedeuten die Sternbilder in der Kapelle?

Sterne und Figuren besiedeln dieses Himmelsgewölbe. Der rückwär-

tige Teil weist auf Maria, der vordere auf Christus hin. Schon am großen *M* sehen wir Maria. Das Einhorn, ein Fabeltier, das es in Wirklichkeit nie gab, kann von keinem Jäger erlegt werden. Nur eine Jungfrau kann es fangen. Hier flüchtet es sich zur Jungfrau, findet Schutz und Geborgenheit. Die Jungfrau selber ist uns Symbol für die Gottesmutter. Daneben tummeln sich Delphine, Freunde der Menschen. Ihre Aufgabe ist es, die Gestrandeten und Ertrinkenden ans Land zu bringen. Auch Maria reicht den „Ertrinkenden" die rettende Hand. Auf der rechten Seite sehen wir den Loreto-Ritter.

Papst Sixtus V. (1585-1590) gründete den Loreto-Ritter-Orden zur Verteidigung der Stadt und des Heiligen Hauses. Diesen Orden gibt es jetzt auch noch als Ehrentitel. Unser Loreto-Ritter darf das Heiligtum beschützen. Neben ihm kommt das Schiff Argo (s. S. 12). Es entstammt der griechischen Argonautensage und ist mit Brot beladen. Brot bedeutet Leben. Maria brachte uns das Leben. In der Mitte sehen wir den Morgenstern. Mit dem Ja der Gottesmutter beginnt die Erlösung, der anbrechende Morgen. Die Schwalbe – das Vöglein der Gottesmutter – dürfte bayerischen Ursprungs sein. Ihr Kommen und Fortfliegen fällt mit Muttergottesfesten zusammen.

„Maria Verkündigung kehren die Schwalben wieder um, Maria Nam` fliegen die Schwalben z`amm, Maria Geburt fliegen die Schwalben furt."

Die vier wichtigsten Figuren des vorderen Teiles weisen, wie auch das Monogramm, auf Christus hin. Auf der linken Seite der Adler und der Löwe, der eine der König der Tiere der Lüfte, der andere der König der Tiere der Erde – Christus ist König des Himmels und der Erde. Auf der anderen Seite der Wassermann und der Phönix. Wasser – ohne Wasser kein Leben. Christus bringt uns das ewige Leben. Der Phönix ist Symbol für die Auferstehung. Nach der Legende steigt der Phönix nach der Selbstverbrennung verjüngt aus der Asche und ist somit Symbol für den Tod und die Auferstehung Jesu. Schon bei den Kirchenvätern im Mittelalter wurde er als Christussymbol gedeutet.

••• Der Höllensturz von S. Troger, in der Kuppellaterne verborgenes Gemälde

••• Die Laterne

Beim Betrachten des Sternenhimmels entging dir sicher nicht die Öffnung in der Mitte des Tonnengewölbes, die Laterne. Sie dient zur Lüftung der Kapelle. Die Barockzeit sparte nicht mit Verzierungen, so hat sie auch etwas so Einfaches, Notwendiges noch schön verziert. Auf sechs Säulen, drei als Kobalt-, drei als Onyximitation, ruht ein Kranzgesims. Darüber, dem Tonnengewölbe angepasst, ist die Krönung Mariens dargestellt. Auf der Rückseite – von keiner Stelle der Kapelle aus sichtbar – der Höllensturz. Nur auf dem Foto kann es der Betrachter sehen. Der Teufel reitet auf einem Menschen, geschmückt mit Pfauenfedern, der Eitelkeit der Welt. Der Mensch – im Sturz nach unten – greift mit übergroßen Händen ins Nichts. Es ist ein Greifen und Stürzen in die Haltlosigkeit, in die Leere. Von Gott Vater, der über allem thront, gehen Blitze aus. Einer trifft den Teufel. Im Gewölbefresko krönt Jesus seine Mutter vom Kreuz herab. Engel huldigen ihr.

Spätestens jetzt, lieber Wallfahrer, werden in dir die Fragen wach werden: Wer hat denn die Kapelle gebaut? Aus welchem Anlass wurde sie errichtet?

••• Krönung Mariens, Deckengemälde in der Laterne von S. Troger (18. Jh.)

Entstehungsgeschichte

Die Anfänge von Birkenstein reichen weit zurück. Gräfin Haziga, die Ahnfrau der Wittelsbacher, holte Mönche in diese Gegend, Benediktinermönche aus Hirsau im Schwarzwald. Diese bauten 1087 in Fischbachau Kirche und Kloster. Nach deren Übersiedlung nach Scheyern blieb Fischbachau Eigentum von Scheyern bis zur Säkularisation 1803.

In den 1660er-Jahren wurde die Fischbachauer Kirche – die älteste romanische Kirche von Oberbayern – barockisiert. Dazu stiftete Michael Millauer, Widmessbauer von Birkenstein, einen neuen Altar und bekam dafür jene Muttergottesfigur geschenkt, die bis dahin in Fischbachau gestanden hatte, – unsere Wallfahrtsmadonna.

Hier in Birkenstein war bis dahin nur ein großer, oben flacher Stein, auf dem ein Marterl mit dem gegeißelten Heiland stand. An diesem Ort betete der damalige Pfarrer mit Namen Mayr sehr gerne sein Brevier. Im Jahre 1663 überkam ihn dort eines Tages ein leichter Schlaf. Die Muttergottes erschien ihm im Traum und sprach: „Hier an diesem Ort will ich verehret werden und denen, die mich hier anrufen, meine Gnade mitteilen."

Von diesem Traum erzählte er am nächsten Morgen dem Michael Millauer und dem Christoph Hafner, Hofwirt in Marbach. Zu seinem Erstaunen berichteten beide, auch sie hätten im Traum dort ein Kirchlein stehen sehen, zu dem viele Menschen gepilgert seien. Doch geriet das Vorhaben, eine Kapelle auf dem Birkenstein zu errichten, bald in Vergessenheit.

Erst zehn Jahre später, 1673, gab Michael Millauer den erneuten Anstoß zum Kapellenbau auf dem Birkenstein. Der nunmehrige Pfarrvikar, Johann Stiglmaier, meinte, wenn die Muttergottes dies wirklich wollte, würde sie es durch ein deutlicheres Zeichen als einen Traum kundtun. Pfarrer Stiglmaier wurde daraufhin sterbenskrank. Er gelobte den Bau einer Kapelle auf dem Birkenstein und wurde wieder gesund. Man begann sofort mit den Arbeiten am „Stoa" und Millauer stiftete seine Marienfigur dazu.

Es wurde zunächst eine kleine Kapelle, die zehn bis zwölf Personen fasste. 1679 wurde die Muttergottes hier aufgestellt. Durch das Pflanzen von Birken um die Kapelle herum bekam der Ort seinen Namen: Birkenstein. Der Nachfolger von Pfarrvikar Johann Stiglmaier, Pfarrer Johann Kaiser, plante nun den Bau einer größeren Kapelle. Zu dieser Zeit wurden an vielen Orten Loreto-Kapellen errichtet. Auch Birkenstein sollte eine

Blick auf die Wallfahrtsstätte Birkenstein

Das Pflanzen der Birken, Szene der Entstehungsgeschichte von D. Viechtner (um 1710)

Loreto-Kapelle werden. Der Grundstein konnte am 14. Mai 1710 – nach Einholung des bischöflichen Freising'ischen- und grundherrlichen Scheyerner Konsenses – gelegt werden. Pfarrer Johann Kaiser war es nicht mehr gegönnt, die Vollendung des Baues zu erleben. Er starb am 6. Juni 1710. Diese fand statt unter seinem Nachfolger, dem gebürtigen Birkensteiner Josef Bernrainer, Pfarrvikar von Fischbachau. Ihm verdanken wir die Aufzeichnung der Entstehungsgeschichte. Am 26. Oktober 1710 zog die Gnadenmutter, die während der Bauzeit wieder in der Kirche in Fischbachau gestanden hat, feierlich in

••• **Übertragung der Gottesmutter, Szene der Entstehungsgeschichte von D. Viechtner (um 1710)**

ihr neues Haus. Zwei Tage später, am 28. Oktober, wurde das erste heilige Messopfer gefeiert.

Am 15. August 1735 wütete ein furchtbares Unwetter. Die Kapelle wurde fast vollkommen zerstört, allein das Gnadenbild blieb unversehrt. Nach dem Wiederaufbau der Kapelle gab es weitere Unwetter. 14 Jahre hindurch zerstörte der „Schaur“ die Ernte. Daraufhin legten die Bauern das Gelübde ab, an allen Samstagen und Vorabenden der Frauentage in der Kapelle den Rosenkranz zu beten. Von da an blieb die Gegend von verheerenden Unwettern verschont. Dieses Gelübde halten wir heute noch aufrecht.

1761 bis 1769 wurde die Kapelle in der heutigen Form ausgeschmückt. Daran beteiligt waren: *Pater Heinrich Maier* und der Einsiedler *Sebastian Mair*. Abt in Scheyern war damals Pater Joachim Herpfer, der auch die Fischbachauer Pfarrkirche mit der Rokokoausstattung versehen ließ. In der Ausstattung der Kapelle spüren wir die

Spiritualität, die Theologie der Benediktiner von Scheyern. Die Schnitzereien werden dem Eremiten *Sebastian Mair* zugesprochen. Dieser lebte hier 1749-1776. Er war der bedeutendste der Birkensteiner Eremiten. 1776 wurde er nach Allerheiligen bei Osterwarngau versetzt und starb dort am 2. August 1798.

Dann kam der große Tag der **Kapellenweihe.** Fürstbischof Ludwig Josef von Welden, Bischof von Freising, begab sich auf die große Firm- und Kirchweihreise über Weyarn und Miesbach nach Fischbachau und weihte am 5. August 1786 die Wallfahrtskapelle Birkenstein. Es war das Fest Maria Schnee, und tatsächlich lag an diesem Tag Neuschnee auf den Bergen, der bis zum Ende der Weihe wieder schmolz. Am 18. Februar 1791 erhielt die Kapelle die Erlaubnis, das Allerheiligste aufzubewahren.

••• Putti vom Kranzgesims

Es folgte ein schweres Jahr für ganz Bayern: 1803 wurden die Klöster aufgehoben. Auch Fischbachau fiel der **Säkularisation** zum Opfer. Am 21. März 1803 mussten die Benediktinermönche gehen. Über Birkenstein steht folgender Satz in der Chronik: „*Auch die Wallfahrtskapelle am Pirkenstein ist zur Demolierung (Abbruch) geeignet. Allein hier kommt der Umstand in Betracht zu ziehen, dass, wenn diese Kirche demoliert wird, das hiesige abergläubische und dumme Landvolk der Maria in Absam in Tirol zuströmen und dadurch das Geld ins Ausland ziehen* [wird], *ohne dasjenige Gold in Anschlag zu bringen, was bisher die Tiroler der Maria am Pirkenstein zutrugen.*“ Dem „*dummen und abergläubischen Landvolk*“ ist es also zu verdanken, dass die Kapelle stehen bleiben durfte.

Gute fünf Jahre später, 1809, verlässt der letzte Eremit Birkenstein. Verlassen, vergessen steht die Kapelle da. In diese Zeit fällt ein denk-

Jakobus
Johannes
Petrus

der adler

würdiges Ereignis. Herr Borzaga, Kgl. Leihhauskassier aus München, dessen Tochter von Joseph Karl Stieler als zweites Portrait für die Schönheitengalerie König Ludwigs I. gemalt worden war, stiftete für die Kapelle in Birkenstein *„mehrere gut geschnitze Figuren. Diese Figuren, insofern sie zum Ölberg gehören, Christus, der Engel, und die drei schlafenden Jünger können in Felsen eingelassen werden“* (Chronik). Am 28. Mai 1832 wurden Öl- und Kalvarienberg eingeweiht.

Nach Kalvaria kommt Ostern, die Auferstehung. Auch für Birkenstein war es so. Der Hofwagenfabrikant Georg Lankensperger, geboren in Marktl am Inn, im gleichen Haus wie Papst Benedikt XVI., stiftete für Birkenstein 1839 das Priesterhaus und 1846 das Kloster der Armen Schulschwestern. Am 13. März 1849 zogen die Armen Schulschwestern in Birkenstein ein. Nun hatte die Kapelle einen eigenen Wallfahrtspriester und die Armen Schulschwestern übernahmen nicht nur die Erziehung der Mädchen, sondern auch die Betreuung der Wallfahrtskapelle. Bis zum heutigen Tage kümmern sie sich um die Mesnerei und den Organistendienst, sie sorgen für Blumenschmuck und Kirchenwäsche und für die Reinigung der Kapelle. Durch Telefon und Pforte sind sie Ansprechpartnerinnen für alle Sorgen und Nöte und begleiten betend die vielen Anliegen der Hilfesuchenden.

1926 wurde der Freialtar in der heutigen Form gebaut. Den Entwurf dafür lieferte Architekt *Friedrich F. Haindl*, ausführende Arbeiten besorgten die Zimmerer der Firma *Benno Bauer*, Fischbachau, die Schlosserarbeiten führte *Ludwig Neubauer*, Fischbachau, aus.

Zuvor stand ein Behelfsaltar an der Ostseite der Kapelle. Die Freitreppe diente als Hintergrund. Dies zeigt der Holzschnitt „Capuzinerpredigt“ von 1873.

„Capuzinerpredigt“, Holzschnitt (1873) nach L. Braun

INRI

Ein neuer Kreuzweg

2001 wurde vom Ölberg zum Kalvarienberg ein neuer Kreuzweg errichtet. Die drei Kreuze vom Kalvarienberg waren morsch geworden. Unser Kirchenpfleger *Alois Bacher* zimmerte die Kreuze und merkte, wie viele Menschen täglich den Kalvarienberg besuchen. Da kam ihm der Gedanke, doch von der Kapelle zum Kalvarienberg einen Kreuzweg zu setzen. Zwei Jahre überlegten und berieten wir uns, bis es dann zur Ausführung kam. Von Anfang an waren alle begeistert. Wir hatten dafür offene Ohren und auch offene Hände. Die Grundbesitzer, die Gemeinde, das Landratsamt – überall bekamen wir ein Ja. Auch der Leitende des Baureferates vom Ordinariat sprach den schönen Satz: *„Setzen sie den Kreuzweg und freuen sie sich!"* Viele Handwerker aus unserer Gegend waren daran beteiligt: Gezeichnet wurde er von mir. Den Hauptanteil leistete unser Kirchenpfleger *Alois Bacher:* Er besorgte das Holz und fertigte alle Stationen an. Spenglermeister *Andreas Thaler* setzte den Stationen kupferne Dächlein auf, der Maler *Adolf Veith* gab ihnen mit dem Pinsel Wetterfestigkeit. Der Schmied *Thomas Kantenseder* lieferte die Eisen zum Einmauern und das Setzen der Stationen besorgte *Max Eggersberger.* Am 3. August 2001 wurde der Kreuzweg feierlich eingeweiht. Er wurde zu einer echten Bereicherung für den Wallfahrtsort Birkenstein.

Bauliche Anlage

Da die Kapelle ja auf dem Felsen steht, auf dem die Muttergottes dem Pfarrer im Traum erschienen ist und versprochen hat, denen zu helfen, die sie hier darum bitten, war es notwendig, den Felsen zu ummauern, damit der nötige Bauplatz geschaffen war. Somit ergab sich eine doppelgeschossige Bauanlage. Das Erdgeschoss birgt in den Nischen die 14 Kreuzwegstationen. Die 13. und die 14. Station sind

••• Pietà, 13. Kreuzwegstation

zu kleinen Kapellenräumen ausgebaut. In der 13. Station befinden sich die Pietà und viele Votivkerzen. Bemerkenswert ist die 14. Station, die Gruft, das Grab Christi. Es ist eine originalgetreue Nachbildung des hl. Grabes von Jerusalem.

Auf dem Felsen steht das Obergeschoss. Der Laubenumgang umschließt das Heilige Haus, zu dem eine Doppelfreitreppe führt. Auf dem steilen, schindelgedeckten Dach sitzt westlich ein Zwiebeltürmchen. Die Turmuhr stammt aus dem Jahre 1890. Es ist eine mechanische Manhardt-Uhr, die täglich aufgezogen wird und treu Stunde und Minute anzeigt.

Südlich der Kapelle steht die ehemalige Klause, jetzt Sakristeigebäude. Im Erdgeschoss befindet sich der Wallfahrtsladen, im ersten Stock sind Sakristei und Beichtkammer. Der zweite Stock birgt einen

••• Grab Christi, 14. Kreuzwegstation

Gebetsraum und den Orgelchor. Die alte **Maerz-Orgel**, gebaut 1878, durfte bei unzähligen Wallfahrten, Trauungen und Andachten spielen. Nun musste sie einer neuen Orgel Platz machen. Seit 2001 ertönen die Klänge der neuen Orgel, die aus der Orgelwerkstätte *Frenger-Eder* (Bruckmühl) stammt.

Ein Schwibbogen-Übergang verbindet das Sakristeigebäude mit dem Kloster der Armen Schulschwestern.

Auf dem **Laubenumgang** an der Kapellenaußenwand sehen wir für das des Lesens unkundige Volk die **Entstehungsgeschichte** von *Daniel Viechtner,* Vagen, um 1710, erneuert und erweitert von *Johann Georg Weid(t)inger* im Jahre 1761. Auf dem *ersten Bild* sehen wir noch die romanische Kirche von Fischbachau (s. S. 34); dem Widmessbauer wird die Muttergottes übergeben. Das *zweite Bild* erzählt uns vom Traum.

Auf dem *dritten Bild* wird uns die schwere Krankheit des Pfarrers geschildert, eine köstlich-dramatische Darstellung: der todkranke Pfarrer liegt im Bett, ein Doktor schaut ihm in die Augen und macht eine abwehrende Handbewegung. Mantel und Dreispitz des Pfarrers hängen am Nagel, er braucht sie nicht mehr. Auf dem Nachtkästchen brennt bereits die Sterbekerze und unter dem Bett steht der Sarg. Der Hund hat sich auf den äußersten Bildrand zurückgezogen. Auch er riecht schon den Tod. Links vom Bett hängt die Wanduhr. Die Zeiger zeigen zwei Minuten vor Zwölf. Der Sensenmann schießt den Pfeil auf ihn ab. Neben dem Lebensbaum steht der Bruder Tod, der diesem Baum schon eine beträchtliche Kerbe versetzt hat. – Jetzt erinnert sich der Pfarrer, dass er einen Auftrag von Gott hat. Da gelobt er den Bau der Kapelle.

••• Die Erkrankung des Pfarrvikars J. Stiglmaier, Szene der Entstehungsgeschichte von D. Viechtner (um 1710

Auf dem *vierten Bild* sehen wir ihn, wie er sich auf den Weg macht, hinauf zum „Stoa“, um mit dem Bau der Kapelle zu beginnen. Das *fünfte Bild* schildert uns die Übertragung der Gottesmutter in diese kleine Kapelle, die zehn bis zwölf Personen fasste (s. S. 36).

••• Rückübertragung der Madonna von Fischbachau nach Birkenstein, wohl Wolfgang Thaler (1874)

••• Die Bauarbeiten an der Wallfahrtskapelle, Szene der Entstehungsgeschichte, wohl von Wolfgang Thaler (1874)

Nun begeben wir uns auf die *Nordseite*. Das *sechste Bild* bringt uns mit den Benediktinermönchen von Scheyern in Berührung. Hier sehen wir die Grundsteinlegung für die jetzige Kapelle. Auf dem *siebten Bild* wird fleißig gearbeitet, und auf dem *achten Bild* wird die Mutter Gottes unter Beteiligung der Bevölkerung aus Bayrischzell, Fischbachau und Elbach in das neu erbaute Loreto-Heiligtum getragen. Die Schwingtüre teilt das *neunte Bild* in zwei Teile. Hier wird das Unwetter vom 15. August 1735 dargestellt.
Nun stehen wir an der Kapellentüre, schauen uns aber noch kurz das

Tafelbild rechts vom Eingang an, die **Lehrtafel** mit der „Notwiese." 1761 malte *Franz Xaver Grass* dieses Bild. Symbole aus Altem und Neuem Testament, Symbole aus dem Leben, sie alle weisen hin auf Maria, auf ihr Wirken hier auf Erden. Unter dem weit ausgebreiteten Mantel der Gottesmutter befindet sich die „Notwiese". Menschen halten, auf Täfelchen aufgeschrieben, ihre Nöte der Gottesmutter hin.

„um das Brot	***es geschehe***
um eine gute Todesstunde	***es geschehe***
um Einheit und Friede	***es geschehe***
um das Gehör	***es geschehe***
um Weisheit	***es geschehe***
um wahre Tugend	***es geschehe***
um gehorsame Kinder	***es geschehe***
um grade Glieder	***es geschehe***
um wahre Zunge	***es geschehe***
um guten Hals	***es geschehe***
um das Gesicht	***es geschehe***
vor Schaur	***es geschehe***
um Beständigkeit in der Treue	***es geschehe"***

und an Maria gerichtet:
„Halte deine Hand nicht zurück zur Zeit, wo Hilf vonnöten."
„Unser Heil liegt in deinen Händen!"

Regieret durch mich
Ich bin eine Mutter der schönen liebe und der forcht
Joseph Franz Meiry
Gedenke, o gütigste milde und reine Jungfrau Maria, du Mutter des Herrn,
daß es von Ewigkeit her nicht erhört worden, daß Jemand, der zu dir seine
Zuflucht nahm und um Deine Gnad, Hilf und Fürbitt flehte, von dir verlassen
worden sei, du Mutter der schönen Liebe, der Forcht, der Hoffnung u. Erkantnus.
Meni.
S. Bern.

Kunstwerke zu Ehren der Gnadenmutter

••• Votivbilder

Zu allen Zeiten opferten Menschen ihrem Gott Gaben und Geschenke. Versprechen und Gelübde, die oft in großer Not gegeben werden, müssen auch eingehalten werden. In den meisten großen Wallfahrtsorten kann man diese Weihegaben in Wallfahrtsmuseen besichtigen. Da ist Birkenstein sehr bescheiden. Nur schwerlich könnten wir einen Raum damit füllen – ausgenommen die Votivbilder. Da reichen unsere Wände nicht aus. Von den künstlerisch wertvollen Bildern des *Sebastian Troger*, über die silbergetriebenen Bilder auf Samtuntergrund, hin zu den ganz einfachen, naiven Darstellungen reicht unsere Auswahl. Über jedes neu dazu gestiftete Bild freuen wir uns, es ist auch jetzt mein Bestreben, dass sich nichts einschleicht, das diesen so stimmigen Gesamteindruck stören würde.

••• Silberne Votivgabe auf Samtuntergrund (1817)

••• Wallfahrtsmadonna

Bei den Wallfahrtsmadonnen ist es üblich, dass sie mit Stoff bekleidet sind. Oft tragen sie kostbare Gewänder, reich bestickt, die je nach liturgischer Festzeit gewechselt werden können. Auch bei uns ist das so. Die ersten hundert Jahre trug die Gnadenmutter nicht nur einen Stoffmantel, sondern auch ein reich besticktes Kleid. Wie viele Klei-

••• Taler mit kaiserlichem Doppeladler, Detail des Samtgewandes der Wallfahrtsmadonna

••• Monstranz, Schwäbisch-Gmünder Arbeit (1710)

der sie hatte, ist nicht bekannt. Ein rotes Samtkleid ist noch im Besitz der Wallfahrtskapelle. Es ist reich bestickt (s. Rückumschlag) und – im Stile der Miesbacher Tracht – mit „Silbergeschnür" und „Stecker" versehen. Verschiedene Taler hängen am Geschnür. Das Kleid des Kindls war jenem der Mutter angepasst. Den Stoffmantel trägt sie heute noch.

Sieben Mäntel hat sie zur Auswahl. Vielleicht könnte uns jeder Mantel eine Geschichte erzählen. Die Gebetserhörung des „Mutter Almeda"-Mantels findest du weiter hinten bei den Gebetserhörungen (s. S. 60/61). Der Mantel für die Fastenzeit wurde aus dem Brautkleid der Konsul-Gattin Baronin Kniffler genäht. Der Brautschleier der Baronin wurde für den „Adventsmantel" der Gnadenmutter verwendet.

●●● Kirchliche Geräte

Zum Kostbarsten gehören sicher die silbergetriebene Monstranz und die gleich gearbeitete Kreuzpartikel. Es ist eine Schwäbisch-Gmünder Arbeit aus dem Jahre 1710. Das Schönste an dieser Monstranz aber ist, dass sie nicht im Tresor verborgen steht, sondern täglich am Vormittag zur Anbetung ausgesetzt wird. Die barocken Kelche, die wir oft benützen, gleichen den üblichen Barockkelchen, ebenso die Messkännchen und das Rauchfass. Eine Besonderheit stellt das Hostieneisen dar. Es wird aber von uns nicht mehr benützt. Den „zweckentfremdeten Küchenschrank“ der Gottesmutter habe ich vorne schon vorgestellt (s. S. 28).

●●● Birkensteiner Madonna, gesticktes Detail eines Rauchmantels (2. Hälfte 19. Jh.)

●●● Messgewänder

Zum Stil der Kapelle passen barocke Messgewänder, die „Bassgeigen“. Leider fehlen der Kapelle die reich gestickten, goldgesprengten Gewänder. Her-

vorzuheben aber ist der Rauchmantel. Er stammt aus der Zeit um 1850 und die Stickerei wurde 1990 auf einen neuen Seidenstoff übertragen. Für uns ist dieser Mantel kein Museumsstück, sondern ein Gebrauchsgegenstand.
Erwähnen möchte ich noch unser „Tauftischchen“, das vor einigen Jahren gestiftet wurde. Es ist eine Intarsienarbeit vom Feinsten. Geschenke und Weihegaben aus Königshäusern besitzt die Kapelle Birkenstein nicht.

Veronika reicht Jesus das Schweißtuch, 6. Kreuzwegstation

Der Kreuzweg

In den Nischen um die Kapelle befindet sich der Kreuzweg. Zwei Stationen bilden je eine Nische. Die Texte sind in der Sprache der damaligen Zeit gehalten – und sehr aussagekräftig. Die Gemälde der Stationen eins bis zehn stammen aus der Barockzeit. Es sind gute Kopien des Kreuzweges der kath. Pfarrkirche St. Peter, München, von Heinrich Karth, 1776. Die Bilder der elften und zwölften Station wurden wegen starker Verwitterung 1930 erneuert. Die dreizehnte und vierzehnte Station befinden sich direkt unter dem Altarraum und sind zu kleinen Kapellen ausgebaut (s. S. 44/45).

Jesus wird seiner Kleider beraubt, 10. Kreuzwegstation

Die Schule auf dem Birkenstein

Als 1710 die Kapelle in ihrer jetzigen Form erbaut wurde, zog gleichzeitig ein Eremit in die neu erbaute Klause ein. Heinrich Märkl, dem ersten Klausner von Birkenstein, wurde der Unterricht der Hofmarkskinder von Fischbachau übertragen.

Die Klause war bis 1809 mit Eremiten besetzt, die auch den Unterricht der Kinder besorgten. Unter allen Einsiedlern zeichnete sich besonders *Sebastian Mair* aus. Er war Lehrer und auch Organist. Er pilgerte 1757 nach Loreto in Italien und stellte fest, dass die Maße des Heiligen Hauses mit jenen der Kapelle übereinstimmten. Von ihm stammen auch die Schnitzereien in der Kapelle. Beim Eremiten Glaswinkler lesen wir: „*Um den Orgeltreter entbehren zu können, benutzte er die Wasserkraft des Fischbaches zum Aufziehen der Kirchenorgel.*“ Von ihm wird auch berichtet, dass er sich seinen armseligen Speisezettel durch Wildbret zu bereichern verstand. Als deshalb eine Hausdurchsuchung bei ihm stattfand, versteckte er seine Flinte hinter den Mantel der Gottesmutter.

Nach der Säkularisation 1803 unterrichteten hier Lehrer in der

erschaffen ist, wie durch eine Sünd.

Seraph vom Hochaltar

Klause. Der Lehrer Georg Dischler wollte sich verehelichen, doch bereitete ihm der Pfarrer Hindernisse, *„da man kein Kindergeschrei neben dem Altare wolle und fromme Beter durch diesen Kinderlärm gestört würden.“* 1849 veränderten sich die bescheidenen Schulverhältnisse in Birkenstein ganz entscheidend. Der Hofwagenfabrikant Georg Lankensperger erbaute 1839 das Priesterhaus und 1846 das Kloster der Armen Schulschwestern.

Die Schwestern sollten nicht nur die vorgeschriebenen Schulfächer unterrichten, sondern *„die Verehrung der Gottesmutter fördern, damit aus der Schule nicht nur verständige, sondern auch wohlgesittete Mädchen, fromme Jungfrauen, treue Dienstboten und christliche Mütter hervorgehen.“* Am 11. Juli 1847 starb Georg Lankensperger, 68 Jahre alt. Am 13. März 1849 zogen die Schulschwestern hier ein. Die Schule zählte damals 19 Werktags- und sechs Feiertagsschülerinnen. Kurzfristig gab es auf dem Birkenstein auch ein Mädchenpensionat, das 1912 wegen Platzmangels geschlossen werden musste. Bis 1966 befanden sich im Kloster zwei Klassenzimmer. Nach dem Neubau der Fischbachauer Volksschule fand eine 117-jährige Tradition ihr Ende. Das Kloster Birkenstein beherbergt heute keine Schulkinder mehr.

O gütige Mutter von Birkenstein,
Wie ladest so mild Du die Pilger ein,
Zum Throne der Gnaden zu kommen!
Und zahlreiche Wunder bezeugen es laut,
Dass nicht dieser Tempel umsonst Dir erbaut,
Umsonst nicht die Andacht der Frommen,
Die oftmals gelobt in Drangsal und Pein
Maria, im Kirchlein von Birkenstein!

Gebetserhörungen

Die Gottesmutter steht auch heute noch zu dem Versprechen von damals, jenen zu helfen, die sie hier darum bitten.
Schon das Verweilen in der Kapelle tut gut. Oft hören wir:
„Von Birkenstein geh ich immer gestärkt nach Hause; Ihr kann ich einfach alles sagen; es zieht mich immer wieder hin zur Muttergottes; ich kann mit Worten nicht ausdrücken, was ich empfinde, wenn ich bei der Mutter bin."
Jede einzelne Votivtafel erzählt uns: „Maria hat geholfen!" In verschiedensten Nöten und Gefahren, bei Krankheit, bei Feuersgefahr, bei Kriegsnöten, Hilfe bei Unfällen, bei Ernteschaden, bei Viehseuchen und in finanziellen Nöten, bei Schutz für Haus und Hof, um Kindersegen – überall ist Hilfe von Nöten. Im Folgenden, lieber Besucher von Birkenstein, findest du einige, wenige Beispiele, in denen unsere Gottesmutter geholfen hat.

Eine wahre Begebenheit – Maria hilft den Kleinen

Großkarolinenfeld, 1942

„Ich war ein Kind von vier Jahren, geb. 1878, und hatte mit Augenleiden zu tun. Meine Mutter brachte mich nach München in die Augenklinik, da war ich mehrere Wochen in Behandlung. Dann sagte der Arzt zu meiner Mutter: ‚Mit Ihrem Kind kann man nichts mehr machen, das Kind hat keine Augen mehr, die sind ganz ausgeeitert.' In ihrer großen Not nahmen meine Eltern Zuflucht zur Mutter Gottes und fuhren mit der Bahn nach Altötting. Um für mich Hilfe zu erflehen, lud

Cherub vom Hochaltar

meine Mutter ein Kreuz auf ihre Schultern und zog kniend, immer betend, um die Wallfahrtskapelle. Als meine Eltern heimkamen, saß ich noch immer blind in der Diwan-Ecke. Trotzdem gaben meine Eltern das Vertrauen zur Mutter Gottes nicht auf. Sie pilgerten mit mir zur Gnadenkapelle nach Birkenstein. Das war ein Weg von acht Stunden hin und acht Stunden zurück. Bald trug mich mein Vater und dann wieder meine Mutter und dabei beteten sie den Rosenkranz. Als wir in die Nähe des Wallfahrtsortes kamen, läutete es gerade zum Rosenkranz. Da fragte ich meine Mutter: ‚Wo läutet's denn jetzt?' ‚Kind', sagte sie, ‚das ist das Glöcklein von Birkenstein, von der Mutter Gottes. Da musst du jetzt die Muttergottes recht bitten, dass sie deine Augen wieder gesund macht, dass du auch sehen und mit den anderen Kindern spielen kannst.' Unterdessen kamen wir an der Kapelle an. Meine Eltern gingen zuerst in die Grotte, in der die Mutter Gottes mit dem Heiland auf dem Schoß sitzt. Von seiner Seite strömt durch ein Röhrlein Wasser heraus. Die Mutter wollte mir nun die Augen mit dem Wasser auswaschen. Da sagte ich: ‚Mutter, das kann ich selber.' Und so wusch ich mir selber die Augen, als ich plötzlich sagte: ‚Mutter, was ist denn das für eine schöne Frau?' und die Eltern fragten wie aus einem Munde: ‚Ja, Kind, siehst du denn das?'

Ja, ich sah wirklich wieder von diesem Augenblick an. Meine Eltern weinten Freudentränen, und alle, die es sahen, weinten mit.

Ich bin nun schon 64 Jahre alt, habe sechs Kinder, und alle haben gute Augen. Zum Dank besuche ich alle Jahre die Mutter Gottes von Birkenstein."

●●● Die Geschichte des „Mutter Almeda"-Mantels

Westfalen, 1937

Die Provinzoberin, Schwester N., wird wegen angeblichen Devisenschmuggels unschuldig in das Konzentrationslager Plötzensee eingeliefert. Die Generaloberin und eine Mitschwester wallfahrten in diesem Anliegen nach Birkenstein. Zwei Tage fasten und beten sie in der Kapelle. Die Generaloberin gelobt, wenn die Schwester frei wird, der

Muttergottes einen neuen, gestickten Mantel zu stiften. Überraschend schnell trat die Erhörung ein. Ganz unerwartet kam die Schwester wieder frei. Nun gab die Generaloberin den Mantel in Auftrag. Nach Fertigstellung überbrachte sie ihn der Mutter Gottes. Der Wallfahrtspriester weihte den Mantel. Die Schwester Mesnerin bekleidete die Gottesmutter mit dem neuen „Mutter Almeda"-Mantel, und mit Tränen des Dankes sangen alle Anwesenden das Te Deum.

●●● Rettung eines Kriegsverletzten

Allgäu, 1957

„Im Krieg wurde mein Mann schwer verwundet. Neun Operationen folgten. Nun stand die schwerste Operation bevor. Oberschenkel und Stützknochen waren restlos vereitert, nur Haut umspannte die hohlen Gebeine. Der Arzt war der vollsten Überzeugung, dass der Fuß abgenommen werden müsste. Außerdem wäre eine Verheilung der Wunde unmöglich.

In dieser schweren Stunde nahm ich meine Zuflucht zur Gottesmutter und unternahm eine Wallfahrt nach Birkenstein. Meine Gebete wurden erhört. Schon nach kurzer Zeit machte sich eine wunderbare Heilung bemerkbar. Der Heilungsprozess nahm fast augenblickliche Fortschritte an, der Fuß wurde nicht abgenommen und das Unglaubliche geschah: der Fuß verheilte. Ohne Stütze kann mein Mann jetzt gehen. Ich bin aus tiefstem Herzen überzeugt, dass die Muttergottes meine Gebete erhört hat, und für mich grenzt dieses Ereignis an das Wunderbare."

Bewahrung vor Schmerz und Tod

Das Jesuskind in der Glorie, Darstellung am Hochaltar

Witten an der Ruhr, 1962

„Am 12. September, dem Namensfest Mariens, jährt sich der Tag, der mir das größte Erlebnis meines 71-jährigen Lebens brachte, das ich hiermit allen in Birkenstein Hilfe Suchenden bekannt gebe:

Seit acht Jahren war ich, aus Westfalen kommend, Kurgast in Schliersee. Dort erfuhr ich erstmalig von der Gnadenstätte Birkenstein und entschloss mich sofort zu einem Besuch. Als ich die Kapelle sah, muss ich ehrlich gestehen, konnte ich dort nicht sonderlich beten. Mich störte der selten prunkvolle, große Altar in dem kleinen Raum und namentlich das so verschwenderisch verwendete Gold. Denn mein Idealbild Mariens war zeitlebens die erhabene Schlichtheit der Magd Gottes. Trotzdem, ein innerer Drang rief mich jeden Sommer wieder nach Birkenstein. Meine Andacht dort war kurz und meine Ansicht über das Zuviel des Goldes blieb. Wie die Gottesmutter meine Kritik vergoldet hat, schildere ich nun:

Neun Tage nach meiner Rückkehr aus Schliersee überfiel mich – ohne vorherige Beschwerden – über Nacht eine schwere Kehlkopfentzündung, die mich binnen 48 Stunden mit lebensbedrohender Atemnot an den Rand des Grabes brachte. Der sehr fähige Spezialarzt meiner Heimatstadt gab mir wohl eine Lebenszeit von 20 Minuten, rief seinen Lehrprofessor in der benachbarten Großstadt an, und ließ mich in elf Minuten vom polizeilichen Unfallwagen in Höchstgeschwindigkeit zu dem großen Chirurgen bringen. Ich rang bitter um jeden Atemzug und war fast erstickt, aber bei vollem Bewusstsein. Wegen eines schweren Herzfehlers konnte ich nicht narkotisiert werden. Zu meiner Atemnot kam die Angst vor dem Messer, die mich sogar jedes Stoßgebet vergessen ließ. Da, in meiner größten Not, als der Arzt sich zur Operation niederbeugte und ich die Augen verzweifelt aufriss, sah ich plötzlich über mir eine Platte aus purem Gold, einer Grabplatte ähnlich. Die untere Hälfte war glattes Mattgold, aber aus der oberen Hälfte trat stark plastisch – das Marienbild von Birkenstein mit Krone und Jesuskind in strahlendem Gold hervor, lächelnden Antlitzes. Sofort fiel alle Not von mir ab, ich

dachte klar: Maria von Birkenstein, du bist bei mir, dann geht alles gut. Völlig ruhig und ohne Schmerzempfindung ließ ich die große Operation, die eine faustgroße Geschwulst hinter dem Brustbein zutage bracht, über mich ergehen. Ich war klar bei Verstand, verfolgte jede Phase der Operation, konnte später die Befehle der Ärzte wiedergeben, fühlte den Einsatz der Kanüle und empfand jeden Nähstich schmerzlos.

Zum größten Erstaunen aller, die mein Elend gesehen hatten, konnte ich schon nach zwölf Tagen die Klinik verlassen – Maria hat geholfen. Es ist mir nicht möglich, in Worte zu kleiden, was ich bei dem ersten Wiedersehen mit dem Gnadenbilde empfand. Unter heißen

Tränen konnte ich nur stammeln: ‚Dank, Maria, Dank!' Überwältigt und tief erschüttert erkannte ich:
Alles Gold der Erden reicht nicht aus, um würdig zu schmücken
die Königin des Himmels,
das Heil der Kranken,
die Hilfe der Christenheit;
unsere Mutter – Maria von Birkenstein."

Votivbild von 1770

Heilung eines Beinleidens

Augsburg, 1970

Als Kind von ca. drei Jahren hatte ich ein schweres Beinleiden. Die Narbe ist nach mehr als sieben Jahrzehnten am linken Fuß noch sichtbar. Meine gute Pflegemutter brachte mich oft nach Birkenstein und wusch den Fuß mit dem Quellwasser, das damals in der Gruft aus der Seitenwunde Christi floss. Es wurde alles gut und ich kann heute noch laufen wie alle anderen.
Maria hat geholfen.

Heilung des Krebsleidens

Fischbachau, 1975

Herr N. erkrankte an Kehlkopfkrebs. Eine Operation war nicht möglich. Er bekam Bestrahlungen. Innig bat er die Gottesmutter um Hilfe und versprach, so oft es ihm möglich sei, nach Birkenstein zu gehen. Bei einer weiteren Untersuchung war der Krebs verschwunden, und Herr N. ging, solange es ihm möglich war, alle 14 Tage nach Birkenstein, um der Gottesmutter zu danken für die so auffallende Heilung.

●●● Zähmung eines wilden Stieres

Moosrain, 1977

Ein Bauer bringt seinen 19 Zentner schweren Zuchtstier zum Markt. Wörtlich schreibt er: „Unterwegs hat mich der Stier von hinten angefallen und gab mir einen Stoß, dass ich fünf Meter weit geflogen bin. Ich kam auf die Füße, schon bekam ich den nächsten Stoß. Ich wollte die Böschung hochkrabbeln, rutschte aber aus. Sogleich ging der Stier wieder wütend auf mich los. Ich hatte den Stier noch am Nasenring erwischt. Drei Rippen hatte er mir schon eingedrückt. Mir sind dann meine Frau und meine fünf Kinder eingefallen, und ich habe gerufen: ‚Muttergottes von Birkenstein, um meiner Kinder willen, lass mich doch am Leben!' Der Stier hat dann sofort von mir abgelassen und mich unter seinen Füßen aufstehen lassen. Andere Leute, die dazu kamen, haben dann den Stier eingefangen. Ich kam ins Krankenhaus und wurde nach acht Tagen wieder gesund entlassen. Ich kann der Muttergottes heute nicht genug danken."

●●● Hilfe bei Kinderwunsch

Leverkusen, 1989

„Es war im Sommer 1989. Zwei Priester beteten in der Kapelle abwechselnd den Rosenkranz. Im Chor sangen die Schwestern mehrstimmig. Es war sehr

andächtig. Man spürte einen heiligen Zauber in dem kleinen Raum, der alle ergriffen hatte. Ich bin zwar gläubig, aber nicht katholisch. Doch solch eine Stimmung habe ich noch nie erlebt.
Ich fing an zu beten zur Mutter Maria und dann auch zu bitten: Sie möge für uns bitten um einen Nachkommen, der schon so lange erwartet wurde. Zumal unsere Tochter und der Schwiegersohn schon Ende Dreißig waren.
Plötzlich kam die Heilige Mutter Maria ganz weit heraus aus ihrem Bild, nur sie allein, ganz nah auf mich zu, lächelte – ich sehe es noch – und nickte mir freundlich zu. Die Kapelle war erfüllt von einem Rauschen, ich war wie betäubt. – Später ging ich dann herunter und kaufte eine große Kerze. Es war als wäre sie immer noch um mich herum. Ich konnte nicht sprechen, war noch immer wie verzaubert. – Weihnachten darauf verkündete mir meine Tochter, dass sie ein Kind haben werde. Ich wusste es vorher schon, musste aber trotzdem die nicht gerade diskrete Frage stellen: Wann ist es passiert? – Es war genau der Tag, an dem es mir die Mutter Gottes von Birkenstein angekündigt hatte.
Einen gesunden Enkelsohn darf ich nun in den Armen halten!“

Votivbild von 1990

Erweckung aus dem Koma

Elbach, 1990

Ein zwölfjähriger Bub fiel vom Traktor und war bewusstlos. Er wurde in die Klinik gebracht und blieb ein ganzes Jahr be-

wusstlos. Die Mutter, eine Bäuerin, fuhr täglich zu ihm ins Krankenhaus. 50 Kilometer hin und 50 Kilometer zurück. Nie aber fuhr sie, ohne vorher in die Kapelle zu gehen und die Gottesmutter um Hilfe anzuflehen. Das war noch einmal ein Umweg von drei Kilometern. Die Ärzte sagten zu ihr, sie brauche nicht täglich zu kommen, der Bub bekäme das ja ohnehin nicht mit. Aber ein Mutterherz entscheidet anders.
Und jetzt kommen Daten, die zu denken geben. – Am Karfreitag – nach einem Jahr Bewusstlosigkeit –, schaute er das erste Mal seine Mutter an, sodass die Mutter spürte: „Der Bub erkennt mich". Am Pfingstsonntag sagte er das erste Mal „Mama"! Und an Weihnachten ging er die ersten Schritte. Wieder ein Vierteljahr später trug er selber seine Votivtafel in die Kapelle, um der Gottesmutter zu danken. Mit 18 Jahren machte er den Führerschein. – Maria hat wunderbar geholfen.

●●● Rettung eines kleinen Mädchens

Arzbach, 1996

„Am Sonntag, den 18. Juli, kam vormittags ein älteres Ehepaar in die Sakristei. Der Opa wollte mir erzählen, was daheim passiert war, konnte aber kaum noch reden. Die kleine Enkelin war vom Auto überfahren worden. Die eigene Mama hatte beim Rückwärtsfahren das Kind übersehen. Sie hatte das Hindernis bemerkt und gemeint, es sei ein Stein. So war sie auch mit dem zwei-

ten Rad noch darüber gefahren. Das Kind – die kleine Marianne, eineinhalb Jahre alt – wurde sofort nach Großhadern geflogen. Die Großeltern hielten es daheim nicht mehr aus und fuhren nach Birkenstein, eine Stunde Autofahrt. Jeden zweiten, dritten Tag kamen sie hierher. Wir Schwestern haben mit ihnen mitgelitten und mitgebetet. Nach drei Wochen kamen sie und sagten, zur Stunde werde sie wieder operiert und kein Arzt gebe dem Kind mehr eine Chance, das es durchkomme. Vierzehn Tage später kamen sie und sagten: ‚Gestern hat uns die kleine Marianne schon angelacht!' Wieder drei Wochen später kamen sie – und hatten das Kind dabei. Quicklebendig, gesund, lebhaft wie jedes andere Kind in diesem Alter. Nur ein paar Narben hat es auf dem Bauch, sonst sind keine Schäden geblieben. – Seitdem kommen die Eltern jedes Jahr am 14. Juli um zu danken. – Maria hat auf wunderbare Weise geholfen."

●●● Krankenheilung

Schweiz, 1999

„Die Birkensteiner Gottesmutter hat mich von meiner Wanderniere geheilt. Die Niere hatte stark gestaut und die Harnleiter waren ganz abgeknickt. Nur mit größter Mühe und starken Schmerzen konnte ich meiner Arbeit nachgehen. Ich habe der Birkensteiner Gottesmutter nur gesagt: ‚Du weißt ja, dass ich so fast nicht mehr arbeiten kann.' Und als ich dann nach meiner Wallfahrt von Birkenstein nach Hause kam, waren die Schmerzen gänzlich weg. Die Nieren sind wieder hochgehoben, das Bindegewebe ist stramm. – Der Muttergottes sei unendlicher Dank gesagt."

●●● „Maria hat geholfen!"

Birkenstein, 2001

„Mein Neffe, 43 Jahre alt, baute das Elternhaus um. Dazu trug er die eine Haushälfte ab, um sie zu unterkellern. Nun soll eine Stützmauer errichtet werden, damit der stehende Teil des Hauses nicht einstürzt. Am Vormittag war die Frau meines Neffen bei mir und unterrichtete mich über die nicht ganz einfache Arbeit. Ich gab ihr sieben wunderbare Medaillen mit, die geweiht und an der Gottesmutter von Birkenstein berührt waren. Unter jeden Stützpfeiler und unter das Gerüst legte mein Neffe je eine Medaille, dann mauerten sie die Stützmauer hoch. Ich ging in die Kapelle und betete drei Rosenkränze. Es war Nachmittag, 17 Uhr – ich betete gerade den zweiten Rosenkranz –, da löste sich von oben ein schwererer Betonklotz, schlug das Gerüst durch und sauste zu Boden. Mit sich riss er Steine – und auch meinen Neffen. Auf allen Vieren kroch er aus dem Bauschutt, schüttelte sich ab und – es fehlte nichts. – Der Gottesmutter sei unendlicher Dank gesagt."

••• Geburt eines gesunden Kindes

Prutting, 2002

••• **Maria in der Wiege, Antependium des Hochaltars von S. Troger (18. Jh.)**

Heute, am 12. Oktober, trägt ein Herr ein großes, schweres Kreuz in die Kapelle. „Maria hat geholfen" steht auf einem geschnitzten Täfelchen. Der Mann erzählt:

Wallfahrt Birkenstein.

„Meine Tochter und mein Schwiegersohn leben in Kanada. Sie bewirtschaften eine Farm. Sie haben ein Mädchen mit drei Jahren und das nächste Kind ist unterwegs. Nach der ersten Untersuchung erklärt ihr der Arzt, dass das Kind schwerst behindert ist und gibt auch gleich den Rat mit, es doch abtreiben zu lassen. Die jungen Eltern entscheiden: Das Kind darf leben. Eine weitere Untersuchung bringt das gleiche Ergebnis. Der Druck der Ärzte, das Kind doch ‚wegnehmen' zu lassen, wird immer stärker. Die Eltern, die Großeltern bestürmen den Himmel. Der Opa verspricht, ein Kreuz nach Birkenstein zu tragen, wenn das Kind einigermaßen lebensfähig zur Welt kommt. Die Eltern entschließen sich, das Kind unter keinen Umständen zu töten, mit dem großen Vertrauen, dass Gott schon die nötige Kraft dazu geben wird. Es folgt wieder eine Untersuchung – und mit großem Erstaunen stellt der Arzt die Fragen:
‚Sind sie gläubig? – ‚Ja'; ‚Haben sie gebetet?' – ‚Ja'; ‚Haben da viele gebetet?' – ‚Ja!'; ‚Das Kind entwickelt sich normal!' Und meine Tochter brachte ein gesundes Kind zur Welt, ein prächtiges Mädchen, – der Sonnenschein der Familie."
Dann macht sich der Opa mit dem Kreuz auf den Weg und trägt es nach Birkenstein.

●●● Genesung nach schwerem Unfall

Pfraundorf, 2002

Am 30. September erlitt Martin einen Verkehrsunfall. Schwerst verletzt wurde er ins Krankenhaus geflogen. Mit schweren Quetschungen, Knochenbrüchen und einer schlimmen Kopfverletzung lag er 16 Tage im Koma. – Seine Eltern verlobten sich zur Gottesmutter nach Birkenstein. Es wurde hier eine hl. Messe zelebriert und die Schwestern haben viel für Martin gebetet. Nach 21 Tagen ging Martin aus eigener Kraft aus der Intensivstation und eine Woche später wurde er aus dem Krankenhaus entlassen. Nach vier Wochen „Reha" kam er gesund heim. – Der Gottesmutter von Birkenstein sei unendlicher Dank gesagt.

●●● Rettung bei Baumfällarbeiten

Holzkirchen, 2004

„Hubert, unser Sohn, 32 Jahre alt, hat vor kurzem Bäume gefällt. Da riss der Baum eine Buche mit sich und stürzte in die gleiche Richtung, wo Hubert den Baum gerade noch ganz abschneiden wollte. Er ließ die Motorsäge im Baum hängen und fing zu laufen an! Mutter Gottes hilf! Hernach sah er, dass die Buche genau da lag, wo er stand."

350 Jahre sind nun vergangen,
seit die Gottesmutter versprochen hat,
denen zu helfen, die sie hier darum bitten.
Nicht große Sensationen sind es, die hier aufgezeichnet
werden. Die Gottesmutter steht auf der Seite
der Kleinen, der Hilflosen. Sie wartet auf uns, hält ihre
Hilfe bereit. Wir brauchen sie nur bitten,
die leeren Hände hinhalten
und annehmen!

Fußwallfahrten nach Birkenstein

Agatharied seit 2001 – Alxing 1985 – Angerbach / Tirol 1990 – Angat / Tirol 1990 – Assling 1990 – Au / Bad Aibling* – Bad Feilnbach – Bad Tölz – Bayrischzell* – Brandenberg / Tirol – Brannenburg* – Breitenbach / Tirol – Bruckhäusl / Tirol – Degerndorf 1985 – Derndorf 1984 – Dettendorf – Ebersberg 1982 – Feldkirchen – Elbach* – Fischbachau* – Flintsbach – Fürstätt 1876 – Gmund – Hausham – Irschenberg – Kematen – Kolbermoor 1899 – Maria Stein – Miesbach – Neubeuern 1980 – Niklasreuth* – Oberaudorf 1975, Eingravierung am Stein: 1835 – Oberndorf 1985 – Oberornau 1855 – Obertaufkirchen 1835 – Parsberg – Rottach-Egern* – St. Wolfgang 1855 – St. Ottilien 2000 (5 Tage unterwegs!) – Schliersee – Schönau 1981 – Schwindegg 1855 – Sindlhausen 1863 – Steinhöring* – Tegernsee* – Tuntenhausen 1848 – Vagen 1985 – Weihenlinden – Weyarn 1970 – Wiechs*

Nachtwallfahrten

Bad Tölz – Gaißach – Lenggries

** bedeutet: vor 1911*

Zeittafel

1624 Steinerne Martersäule.

1663 Traumvision von Pfr. Mayr, Christoph Hafner und Michael Millauer.

1670 Michael Millauer erhält aus der Fischbachauer Kirche das spätere Gnadenbild, eine gotische und überschnitzte Figur der Himmelskönigin.

1673 Errichtung einer Kapelle „auf dem Stein“.

1678 Pflanzung mehrerer Birken um die Kapelle.

1710 Neubau nach der Form des Loreto-Kirchleins.
Baumeister: Johann Mayr d. Ä. (1643-1718) von der Hausstatt. **Palier:** Abraham Millauer, **Zimmermeister:** Sylvester Pirkmann, Maler: Daniel Viechtner und Franz Gabler aus Vagen. Kistler: Mathias Schmid (Faistenau), Drechsler: Philipp Arnold aus Miesbach.

1744/69 Hölzerner Laubenumgang.

1761/69 Rokokoausstattung mit 92 Engelsfiguren.
Bildhauer: Josef Götsch (Aibling), Josef Hammerer (Fischbachau), wohl

	auch Bildhauer Josef Anton Fröhlich (Tölz). Deckengemälde und Antependium von Sebastian Troger. Gemälde am Umgang erneuert von Franz Xaver Grass, Wallfahrtsgeschichte J. G. Weid(t)inger (Vagen).
1789/93	Turmbau.
1850	Erneuerung der „unteren" Apostelgemälde.
1864/71	Renovierung von Altar, Gnadenbild, Kapelleninneren.
1894	Renovierung durch Architekt Riesenhuber.
1914	Kommuniongitter und Wandleuchter, Münchner Hofschlosser Josef Fronsbeck.
1938/39	Außen und Innenrenovierung durch Karl Eixenberger, Restaurierung der Gemälde durch Georg Hager (München).
1958	Reinigung durch Restaurator Kronwitter, München.
1987/88	Außenrenovierung.
1991/94	Umfassende Innenrenovierung durch Restaurator Erwin Wiegerling (Gaißach), Rekonstruktion des Sternenhimmels.
2001	Renovierung des Galerieumgangs durch die Firma Enzinger.

Bauleute und Handwerker

Albrechtskirchinger, Georg: Kreuzwegstationen 1930.

Arnold, Philipp, Drechslermeister, Miesbach: Ausstattung 1710.

Dirnberger, Alois, Maler, Miesbach: Gemälde bei den Eingangstüren 1872, Liebfrauenbild 1888.

Fröhlich, Josef Anton, Bildhauer, Bad Tölz: Engelsfiguren um 1765.

Fronsbeck, Josef, Münchner Hofschlossermeister: Kommuniongitter und Wandleuchter 1914.

Bau der Arche Noah, Detail des Türblattes von S. Troger (18. Jh.)

Gabler, Franz, Maler von Vagen: Erneuerung u. Erweiterung der Wallfahrtsgeschichte 1710.
Grass, Franz Xaver, Maler, Miesbach: „Notwiese“ 1761, Kreuzwegstationen III und IV (Renovierung?).
Hammerer, Josef, Krämer und Propsteidiener in Fischbachau (†1765): Bildhauerarbeiten.
Maerz, Max, Orgelbaumeister, München, 1878.
Mayr, Johann d. Ä., „von der Hausstatt“, Maurermeister (1643-1718): Baumeister 1710. Von ihm 16 Kirchenbauten, darunter: Jakobsberg 1678, Dettendorf 1684, Wallfahrtskirche Hl. Blut 1687, Irschenberg 1692/96, Erweiterung Mariä Schutz 1695 und Kirchturm Fischbachau, 1698/1702 Litzldorf, 1708 Elbach und Niklasreuth (Miesbach).
Millauer, Abraham (*1683 in Elbach; †1758): Maurerpolier bei Mayr d. Ä. 1710; Baumeister in Bayern u. Tirol.
Osenthaller, Andreas, Bildhauer, Guggenbichl (Fischbachau) 1710.
Pirkmann, Sylvester, Zimmermeister, Vordersandbichl 1710.
Ries, Alois, Maler, Miesbach: Untere Apostelbilder 1850.
Schmid, Mathias, Kistler, Faistenau: Ausstattung 1710.
Troger, Sebastian, Maler, Elbach (†1792 in Weilheim): Fassarbeiten und Gemälde 1761-1769.
Viechtner, Daniel († Mai 1710), Maler, Vagen: Wallfahrtsgeschichte, Dekorationsmalerei.
Weid(t)inger, Johann Georg, Maler, Vagen: Übermalung der Wallfahrtsgeschichte, 1761.
Zelger, Josef: Kreuzwegstationen V und VI (Renovierung?).

Literatur

Bauer, Anton: Wallfahrtskirche Birkenstein, München 1935. / **Brunhuber,** Josef: Chronik des oberen Leitzachtales, Elbach 1928. / **Kratzsch,** Klaus: Landkreis Miesbach (Denkmäler in Bayern), München 1986. / **Lampl,** Sixtus: Birkenstein, Valley 2000. / **Maier,** Quirin: Wallfahrtsbüchlein für Birkenstein, o. O. 1872. / **Pfister,** Peter; **Ramisch,** Hans: Marienwallfahrten im Erzbistum München und Freising, Regensburg 1989. / **Pötzl,** Walter: *Santa-Casa-Kult in Loreto und in Bayern*, in: Wallfahrt kennt keine Grenzen (Katalog BNM), München/Zürich 1984.

Regelmäßige Gottesdienste in Birkenstein

Hl. Messen
Sonn- und Feiertage: 7.00 und 10.00 Uhr
Montag: 19.00 Uhr
Dienstag – Samstag: 7.00 Uhr

Beichtgelegenheiten
Samstag: 15.00 – 16.00 Uhr
Sonntag: 9.00 – 10.00 Uhr
sowie vor und nach jeder hl. Messe

Maiandachten
täglich 19.30 Uhr, an Sonn- und Feiertagen bei schönem Wetter am Freialtar

Fatimafeier
Jeden 13. des Monats, 19.00 Uhr Rosenkranz, anschließend hl. Messe vom Mai – Oktober im Freien mit anschließender Lichterprozession

Die Heilig-Geist-Taube vom Hochaltar

Patrozinium
Maria Himmelfahrt, 15. August
14. August: 20.00 Uhr Rosenkranz, anschließend große Lichterprozession
15. August: Hl. Messe: 6.00, 7.00, 8.30 Uhr
10.00 Uhr Festgottesdienst
6.00 – 10.00 Uhr Beichtgelegenheit

Frauendreißiger
vom 15. August bis 15. September täglich auch um 10 Uhr eine hl. Messe

Wallfahrten und Führungen nach Anmeldung bei der
Wallfahrtskuratie Birkenstein
Kapellenweg 12
83730 Fischbachau /Oberbayern, Tel.: 08028/830; Fax: 08028/905964

Herausgeber: Wallfahrtskuratie Birkenstein
Redaktionelle Betreuung: Fritz Demmel M. A.
Vorsatzblatt vorne u. hinten: s.S. 40
Umschlag vorn: Andachtsbildchen von Birkenstein, Entwurf von S.O.Cist Kloster Lichtenthal
S. 2: Vision der Maria vom Siege, Detail des Adam-Gemäldes von S. Troger (18. Jh.)
S. 13: Von der vielfachen Hilfe der Birkensteiner Gnadenmutter zeugen die zahlreichen Votivgaben im Raum des Glaubens, von der Kommunionbank nach Rückwärts gesehen
S. 15: Goldumstrahlt, umgeben von Engeln und Heiligen, steht die Gnadenmutter inmitten des Altares
S. 16: Madonna der Verkündigung am Hochaltar
S. 17: Erzengel Gabriel am Hochaltar
S. 25: Das von einem Baldachin bekrönte Portal der Loretokapelle
S. 29: Symbolische Sternbilder schmücken den Himmel der Loretokapelle
S. 38/ 39: Blick auf die reich mit Votivbildern behangene Nord- und Südwand der Loretokapelle
S. 41: Viele Messen werden am Freialtar zelebriert; Trachtenwallfahrt
S. 42: Der Kalvarienberg, Holzkreuze von A. Bacher
S. 49: Die „Notwiese", Lehrtafel von F. X. Grass (1761)
S. 56: Adam, Türblatt von S. Troger (18. Jh.)
Umschlag hinten: Rankenornament – Detail des Gewandes der Gnadenmutter
S. 61: Andachtsbild aus Birkenstein; **S. 1, 3, 65, 67, 70:** Sammlung Dietmar Paul, Garching a. d. Alz;
S. 63: Sammlung Rischert
S. 76: s.S. 47
Fotonachweis: S. 7, 41 Archiv der Wallfahrtskuratie. Alle anderen fotografischen Aufnahmen Gregor Peda, Passau © 2014. Alle Rechte vorbehalten.

ISBN 978-3-89643-557-6
PEDA-KUNSTFÜHRER Nr. 557/³2014

Diese Serie wird laufend erweitert und kann über den Buchhandel bezogen werden.

International präsent: Belgien, Deutschland, Frankreich, Italien, Luxemburg, Österreich, Schweiz, Slowenien, Tschechien, Türkei, Ungarn

KUNSTVERLAG PEDA
Tittlinger Str. 19 · D-94034 Passau · Tel. (0851) 951686-0 · Fax (0851) 73629
E-Mail info@kunstverlag-peda.de · www.kunstverlag-peda.de